TODOS SOMOS IGUALES...
TODOS SOMOS DIFERENTES

Escrito e ilustrado por los niños de kindergarten
de la Cheltenham Elementary School

Fotografías por Laura Dwigl

SCHOLASTIC INC.
New York   Toronto   London   Auckland   Sydney

Dedicamos este libro a todos los niños del mundo.

"Todos somos iguales...
todos tenemos corazón e inteligencia.

Todos somos diferentes...
no todos pensamos
o sentimos lo mismo".

— los niños de kindergarten
de la Cheltenham Elementary School

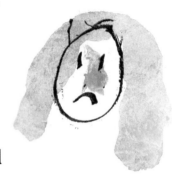

Library of Congress Cataloging-in-Publication Data

Cheltenham Elementary School (Cheltenham, Pa.)
  [We are all alike...we are all different. Spanish]
  Todos somos iguales...todos somos diferentes / escrito e ilustrado por los niños de kindergarten
de la Escuela Primaria Cheltenham ; fotografías por Laura Dwight.
      p. cm.
  Summary: Kindergarten children describe the likenesses and differences among themselves.
  ISBN 0-590-29390-7 (NASTA : Span.). — ISBN 0-590-72902-0 (Big book : Span.)
  1. School children—Juvenile literature. 2. Multicultural education—Juvenile
literature. 3. Individuality in children—Juvenile literature. 4. Children's writings.
5. Children's art. [1. Individuality. 2. Children's writings. 3. Children's art.
4. Spanish language materials.] I. Dwight, Laura, ill.   II. Title.
LC208.C44 1994
370.19'341'0973—dc20   93-49347

Originally published as: *We Are All Alike . . . We Are All Different*

Text copyright © 1991 by Scholastic Inc.
Photographs copyright © 1991 by Laura Dwight.
Spanish translation copyright © 1994 by Scholastic Inc.
Designed by Leslie Bauman.
All rights reserved. Published by Scholastic Inc.
Printed in the U.S.A.

    3 4 5 6 7 8 9 10   09   01 00 99 98 97 96 95

Agradecimientos especiales a: Jolene Byer, Lillian Colon, Marion Greenwood, Bill Gordh, Symirna
Jean-Simon, Derick Melander, Marcia Orellano, Deborah Owens, Nancy Phillips, Suzanne Richards,
Magda Santos, Bill Sparks, Monique Tabbs y Karen Taliaferro.

Acerca del libro...

Bienvenidos a este libro tan bonito escrito por y para niños. Con la esperanza de que un libro escrito e ilustrado por niños pequeños ayudaría a otros niños a aprender acerca de las diversidades culturales, la división de educación preescolar de Scholastic (junto con Cabbage Patch Kids® como patrocinador) crearon un concurso en el que niños de edad preescolar, de kindergarten y sus maestros, sometieron libros originales hechos en clase para su publicación. *Todos somos iguales... todos somos diferentes*, uno de los libros ganadores, es una gran ayuda para los padres y maestros de niños pequeños.

Entender las semejanzas y diferencias existentes entre las personas fomenta el desarrollo intelectual y emocional del niño. Sólo así podrá llegar a ser una persona feliz y justa en una sociedad y un mundo lleno de diversidades. Al crear este libro, con "un poco de ayuda" de sus maestros, los niños de kindergarten de la Cheltenham Elementary School tuvieron la oportunidad de descubrir las muchas semejanzas y diferencias que hay entre ellos. Esta actividad les ayudó a elevar su autoestima y a tomar conciencia de los demás. Cada niño tuvo la oportunidad de reconocer que, en el fondo, todos somos seres humanos: "Todos tenemos un cuerpo". "Todos jugamos".

Lea *Todos somos iguales... todos somos diferentes* a los niños de su programa o en su hogar para iniciarles en la exploración y reconocimiento de nuestras semejanzas y diferencias. Cada página puede ser el punto de partida para una conversación que enriquecerá su desarrollo del lenguaje, así como la comprensión de la diversidad. Las conversaciones iniciadas a partir de *Todos somos iguales... todos somos diferentes* pueden dar pie a la creación de gráficas de lenguaje y de libros entre los niños. Por encima de todo, disfruten del maravilloso hecho de aprender que todos somos iguales y diferentes al mismo tiempo.

—Louise Derman Sparks

Louise Derman Sparks —una jueza en el concurso *Cabbage Patch Kids®/Scholastic "Todos somos diferentes... todos somos iguales"* — trabajó por 25 años como maestra de niños y adultos, directora de un kindergarten, investigadora, madre, activista y autora sobre temas de diversidad y justicia social. Actualmente es miembro de la facultad Pacific Oaks College y es la autora de *The Anti-Bias Curriculum: Tools for Empowering Young Children*.

Todos somos iguales.
Todos somos personas.

Todos somos diferentes.
No todos tenemos la misma
apariencia.

Todos tenemos distinto color de ojos.
Todos tenemos distinto color de pelo.
Algunos tenemos el pelo ondulado.
Algunos tenemos el pelo liso.
Algunos usamos lentes.

Todos tenemos distinto color de piel.
Algunos tenemos la piel más oscura.
Algunos tenemos la piel más clara.

¿De qué color son tu pelo,
tu piel, tus ojos?

Todos somos iguales.
Todos tenemos cuerpos.

Todos somos diferentes.

Algunas somos niñas.
Algunos somos niños.

Algunos somos grandes.
Algunos somos pequeños.

¿Cómo es tu cuerpo?

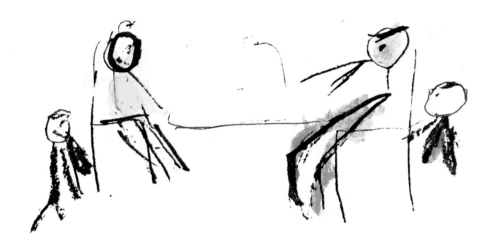

Todos somos iguales.
Todos tenemos familias.

Todos somos diferentes.
Algunos vivimos con mamás.
Algunos vivimos con papás.
Algunos vivimos con mamás y papás.

Algunos vivimos con abuelitas
  y abuelitos.
Algunos vivimos con hermanos
  y hermanas.

Algunos nos parecemos a mamá y papá.
Algunos no nos parecemos a
mamá y papá.

¿Cómo es tu familia?

Todos somos iguales.
Todos vivimos en algún lugar.

Todos somos diferentes.

Algunos vivimos en la ciudad.
Algunos vivimos en el campo.
Algunos vivimos en apartamentos.
Algunos vivimos en casas.
Algunos vivimos en casas-remolques.

Y tú, ¿dónde vives?

Todos somos iguales.
Todos nos alimentamos.

Todos somos diferentes.
Nos gustan comidas distintas.

¿Qué comidas te gustan?
¿Qué comidas no te gustan?

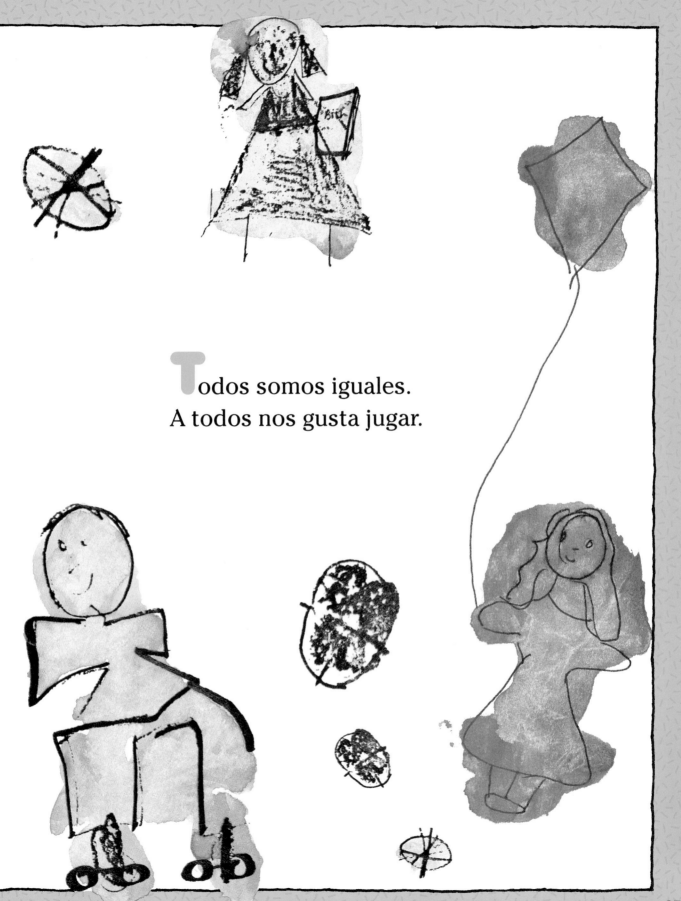

Todos somos iguales.
A todos nos gusta jugar.

Todos somos diferentes.

A algunos nos gusta inventar juegos.
A algunos nos gusta trepar.
A algunos nos gusta leer.
A algunos nos gusta jugar a la pelota.

Y a ti, ¿qué te gusta hacer?

Todos somos iguales.
Todos somos diferentes.

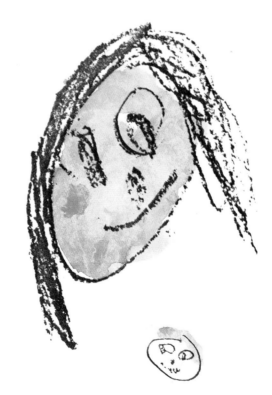

Todos somos una familia.

Conozca a los autores e ilustradores: **La clase de kindergarten del año 1991 de la Cheltenham Elementary School** (*de izquierda a derecha*): **cuarta fila:** Rosalind Goldberg, maestra; Michael Di Stefano; Jesse Morgan Cohen; Andrew Meehan; Lauren Hirsh; Tiffany Spady; Noam Zerubavel; Dara Yoon; Kathy Roux, ayudanta de la maestra; **tercera fila:** Robert Moffitt; Nathalie Montilla; Jon Park; Yaniz Estrada; Joseph Widmeier; Bridgit Clark; Thomas McCracken; Rell Williams; **segunda fila:** Julie Eisen; Carlie Sweeney; Bari Goldberg; Matt Fischer; Stephen King; Palmer Aikens; Karla Brown; **primera fila:** Michael Hunter; Sean McGee. **No en la foto:** Colleen Walsh

Nota: *Los niños que aparecen en esta fotografía no son los mismos que aparecen en todo el libro. Las fotografías de los niños que aparecen a lo largo del libro fueron tomadas por Laura Dwight.*

Acerca del programa:

Todos somos diferentes... todos somos iguales

El concurso *Cabbage Patch Kids®/Scholastic Creative Teacher Awards Program*, *"Todos somos diferentes... todos somos iguales"*, fue creado para promocionar los valores multiculturales y la aceptación de otros. Niños y maestros, guarderías infantiles, y kindergartens públicos y privados de todo Estados Unidos (territorios E.U.A. y Canadá) sometieron más de 200 libros hechos en clase basados en este tema universal. Después de revisar cuidadosamente cada libro, *Todos somos iguales... todos somos diferentes* fue seleccionado como uno de los libros ganadores para ser publicado por Scholastic. A continuación la maestra Rosalind Goldberg narra cómo el libro fue concebido y escrito por los niños de kindergarten de la Cheltenham Elementary School, en Pennsylvania.

Los libros no se escriben en el vacío. Los autores de kindergarten, como todo autor, usan su experiencia, su imaginación y sus intereses para crear. El tema central de este libro refleja la filosofía de una escuela, la Cheltenham Elementary School, que trata a cada estudiante con respeto por sus diferencias individuales y su personalidad única. La filosofía de nuestra escuela estimula el trabajo en equipo —en otras palabras, en familia— para alcanzar metas en grupo.

Este libro empezó con un tema común en el programa de kindergarten: "Yo y las diferencias". Al leer sobre el concurso *Cabbage Patch Kids®/Scholastic Creative Teacher Awards Program, Todos somos diferentes... todos somos iguales*, decidí que mi clase debía participar. En nuestra enseñanza globalizada de lectura, la escritura es una parte integral del proceso de aprendizaje, y mi clase escribió y "publicó" libros regularmente.

Para crear este libro, comenzamos con un concepto científico, "Copos de nieve", que trata de semejanzas y diferencias. Luego hablamos de la idea de que los niños son como copos de nieve: iguales y diferentes a la vez. Después de explorar esos conceptos, ofrecí a los niños la oportunidad de escribir y participar en el concurso. Estaban muy entusiasmados. Hablamos sobre sus libros preferidos. Eran libros fáciles de predecir y repetitivos. Después de anotar todas las ideas y palabras de los niños, las compuse de manera que mejor reflejara lo que habían expresado. Entonces, los niños dibujaron sus hogares, sus familias, sí mismos y otras ilustraciones para el libro. Con los dibujos hicimos un collage que los niños pintaron. A pesar de que los niños reconocían su contribución individual, nos dimos cuenta cuánto habíamos trabajado *juntos* para crear el producto final. En verdad, ésta fue la meta del proyecto; que cada uno es una discreta y única totalidad, y que el grupo entero depende de la participación de todos.

Rosalind Goldberg
Maestra de kindergarten
Cheltenham Elementary School